AF457440

# DU REMANIEMENT DE L'IMPOT.

## ( SUITE. )

J'ai ailleurs invité à convertir les droits d'aide et de gabelle, en un impôt territorial. (*M. Necker*, vol. 3, p. 68.)

Je ne perds pas de vue la conversion de la gabelle en un autre impôt. (*Compte rendu* : 1788, p. 10.)

L'opposition élevée par l'intérêt privé, empêche l'abolition de la taille et de la gabelle, au moyen de l'augmentation du nombre des vingtièmes. ( *Smith*, vol. 3, p. 390. )

PARIS,
A. PIHAN DE LA FOREST, IMPRIMEUR,
RUE DES NOYERS, N° 37.

1833.

Honneur à l'état de Bade ! ! !

Etat monarchique, dit-on, aristocratique, dit-on.

Qu'importe le titre donné ou prêté au pouvoir. C'est si haut, qu'est apposée l'affiche : il faudrait au peuple, des lunettes d'approche pour y lire :

Tandis que sa peau trempée de sueur, que ses bras moulus de fatigue, que son estomac sevré de nourriture lui parlent de si près.

« La chambre des députés badois a adopté la proposition du gouvernement, d'opérer des réductions dans le prix de vente du sel provenant des salines de l'état. Le prix de la livre du sel de cuisine est réduit à 2 kreutzer 1/2 ( 8 cent. 1/2 environ ) ; celui de la livre de sel qui doit servir à l'engrais, à 1 kreutzer 1/2 (5 centimes). Cette mesure, vraiment populaire, réclamée depuis si long-temps en France, favorisera puissamment l'essor de l'agriculture, et soulagera les classes inférieures. »

(*Courrier du Bas-Rhin.*)

Or, le sel dit de cuisine, est du sel raffiné, dont la façon est remboursée par l'excédant de trois centimes et demi.

Et, la mine étant exploitée, la vente étant opérée par l'état, le droit fiscal est confondu dans le prix.

Et, les distances étant très faibles, le coût de transport ne compte pas.

Dans l'état de Bade, le sel brut de mine, ne vaut plus qu'un sou la livre, qu'un sou au détail, en tout lieu.

Au pays de France, le sel brut de mer, tout-à-fait analogue, vaut, tous frais compris, souvent cinq sous, au moins quatre sous.

Pauvre pays qui n'a pas le moyen de faire l'aumône, même en remise de vols, même avec retour de gains.

Qu'est-ce que le peuple? que faut-il au peuple? que doit-on au peuple?

De cela, il n'est pris nul souci :

Jadis, au seul mot; *qu'est-ce que le tiers état* : ce fut une révolution radicale.

Maintenant au mot, *qu'est-ce que le peuple*: à peine y a-t-il un sourire sardonique.

On fit trop : on ne fait rien. Erreur contre erreur.

Pourtant en valeur absolue, le peuple vaut plus et mieux que le tiers état.

Même le tiers état n'a quelque valeur relative, qu'en ce qu'il tient du peuple.

Pas de milieu.

Il y a à dire, ou *l'état c'est le roi*, ou *l'état c'est le peuple*.

Le premier n'est plus de mode : le second ne l'est pas encore, ne le sera jamais peut-être.

Dans le passage de l'un à l'autre, c'est comme une éternité qui se jette à la traverse.

Ainsi, l'état reste en doute, dans le vague. On ne sait plus ce que c'est que l'état.

Et voilà que de ce fantôme qui se prête à toutes les formes, on se façonne une idole à l'image de Moloch.

Et voilà qu'à cette idole, il faut pour sa plus grande gloire, hier le triomphe des armes, aujourd'hui le crédit du grand livre.

Le premier qui s'obtient, en retour d'un océan de sang; le second qui s'échange au prix d'une mine d'or.

Or, de quelles veines va découler cet océan ; par quels bras va être fouillée cette mine ?

Les veines, les bras du peuple sans doute ! Fort bien : point de gêne donc.

Aussi, de par la loi, et même de par la presse, sans entrailles non plus, l'être sensible et palpable du peuple est dévoué, est immolé à l'être abstrait de l'état .

Pour le peuple, autrement pour tout le monde, il n'y a personne.

Les uns se traînant dans les boues de l'égoïsme; les autres s'élançant à travers les nues de l'idée;

Chacun qui n'a que valeur d'atôme, se perdant dans la masse, ou s'isolant de la masse.

Pour tout le monde, personne.

Pour le peuple, néant.

Le temps pousse !

Bien que la saison semble peu favorable, il vient de pousser quelques rejetons de grande promesse, auxquels n'a nullement aidé le travail de l'homme ; et que le travail de l'homme est appelé à diriger.

A l'étonnement des faiseurs mêmes, le budget dit normal, va s'honorer des deux innovations les plus précieuses.

La mise à néant de 32 millions de rentes rachetées ; la mise en dehors de 100 millions de dépenses de nature immobilière.

Et le temps pousse encore, poussera de plus en plus.

Avant peu, le fonds d'amortissement devra être totalement aboli ; au moyen de la consolidation de la dette actuelle et de la reconstitution des emprunts futurs : ainsi que cela à été exposé ailleurs. (*de la Double session :—les Deux systèmes, suite.*)

Ensuite, le service des retraites pourra être singulièrement allégé, au moyen de la négociation d'annuités à termes convenus, à la charge d'en accomplir le paiement : comme il a été entrepris en Angleterre.

Enfin, les dépenses militaires seront remises sur le véritable pied de paix ; à raison de deux cent mille hommes sous les armes, de cent mille en congé, de deux cent mille en réserve.

Œuvre capitale qui tarde tant à être accomplie; par cela même qu'on commence à sentir quelle sottise ce fut que d'avoir peur de qui avait peur; et qu'on répugne à l'avouer hautement, par une pleine et prompte réparation.

Récapitulons :

| | |
|---|---|
| Fonds d'amortissement restant. | 60 millions. |
| Bénéfice sur les retraites..... | 15 |
| Epargnes sur la guerre....... | 50 |
| Epargnes sur la marine...... | 15 |
| Aperçu total............. | 140 millions. |

C'est alors qu'il y aura un budget vraiment normal ou régulier : où seront compris seulement, les services essentiels et permanens; sauf sans en déranger jamais la balance, à couvrir les dépenses extraordinaires par la voie des emprunts avec extinction en 15 années. ( *Mêmes écrits.* )

Toutefois à moins que dans la double vue, et d'apposer un nouveau frein à la tentation de faire des dettes, et de garantir le vrai peuple de la charge du paiement des intérêts, la sagesse et la justice viennent à inspirer de subvenir aux frais de la guerre, par les voies de l'impôt spécial et gradué ou même de l'emprunt forcé.

Sous lesquels rapports, le budget dit normal de 1824, est vraiment anti-normal, dans son application au service extraordinaire, d'une portion de l'amortissement qui, ayant toujours été prélevée sur les besoins, devait enfin être restituée aux besoins en déduction de l'impôt.

Or, veut-on avancer devers cette fin, sans doute lente et rude à atteindre et par conséquent d'autant plus urgente à poursuivre, qu'on se mette en route.

Ici, il n'y a point à attendre, il n'y a rien à espérer d'aucun ministère présent ou futur.

Parvenu au faîte, qui que ce soit songe seulement à s'y maintenir. Dès-lors il ne sort pas des voies de la routine, où le mouvement s'opère sans malencontre ; dès-lors il ne se hazarde pas à frayer des routes nouvelles, où des difficultés se rencontrent à chaque pas.

Puis il le voudrait qu'il ne pourrait, tant la force et le temps sont absorbés et consumés par les soins du gouvernement ; tant les plans les plus parfaits sont à la fois certains d'encourir le blâme de l'opposition, et incertains d'obtenir le suffrage des chambres.

Le *compelle intrare* est de rigueur :

L'expérience enfin dessillant les yeux, maintenant peu de gens manquent à s'apercevoir, à reconnaître, que cette méthode est essentiellement vicieuse, de régler d'abord les dépenses et d'y assortir ensuite les recettes.

Attendu qu'en cette façon, le vote de l'impôt, remis au dernier jour, n'a vraiment pas lieu. (*Du Vote de l'impôt*, 1829.)

Chose si manifeste, que sur ce point qui importe le plus au peuple, qui intéresse le plus les députés, toujours les boules blanches sont plus nombreuses que sur tout autre.

« Quand vous aurez voté les dépenses, pourrez-vous refuser de voter les recettes ? Ne faites donc pas marcher l'un sans l'autre. (*M. Dupin aîné*; 19 décembre 1831.) »

Or, comme on ne peut faire marcher l'un avec l'autre, on doit faire marcher l'un avant l'autre, et le dernier avant le premier, au contraire de l'ordre habituel.

Non qu'il y ait à réduire la masse totale des impôts; mais en ce qu'il y a, au lieu de scruter puérilement les services. à peser et comparer scrupuleusement les subsides.

De telle sorte, qu'on en vienne à interdire, à proscrire à telle ou telle époque, en telle ou telle portion, ou celui-ci, ou celui-là; suivant que la charge paraît affecter davantage l'entretien des forces, entraver davantage la naissance des valeurs.

A peu près ainsi qu'il fut opéré en 1831 au sujet de la loterie; et en 1832, à l'égard des impôts proposés dans le rapport: et en 1833, à l'égard de la taxe des boissons proposée dans le projet.

Les deux derniers cas ont montré comment la commission ou le ministère se sont empressés de suppléer au vide, par la recherche de nouveaux moyens, ou par le recours aux emprunts.

Le dernier exemple est surtout frappant à deux titres, en ce que la taxe projetée s'élevait à vingt millions, en ce qu'elle sera suppléée en partie par des économies sur la guerre, en partie par les rentes de l'amortissement.

Ce sont là les deux riches sources où il y a encore à puiser, et qu'on sera long-temps sans épuiser.

Ici, 60 millions, là 50 millions, offrent une marge plus que suffisante pour le remplacement des impôts vraiment onéreux, justement odieux.

Et d'autres contributions ont à y subvenir au besoin, soit par l'accroissement naturel des produits, soit par l'élévation légale du taux ou du tarif; sans qu'il en résulte aucun inconvénient de l'ordre moral ou politique.

Ainsi, l'interdiction, la proscription, à telle époque, en telle portion, de quelque impôt ou taxe, a le double effet de réussir à soulager le peuple et de tendre à soulager l'Etat; comme il se voit maintenant par l'économie de 7 millions opérée sur la guerre.

Qu'on n'ait donc nulle crainte, le corps de France, si cela se peut dire, est robuste et vigoureux; à tel point qu'il s'est relevé en peu de temps des atteintes et pertes subies à quatre fois en quarante années : sous les coups de la révolution, pendant les guerres de l'empire, et à la chute de Napoléon, au départ de Charles dix.

Epoques dont le passif, bien que décroissant

de somme, s'élève encore pour l'avant dernière, à trois et quatre milliards, et pour la dernière à deux milliards environ.

Le corps de France est robuste et vigoureux, à tel point qu'en n'attaquant pas la source de ses forces, qu'en n'entravant pas la liberté de ses mouvemens, il y aurait à prélever sur ses produits naturels, 100 et 150 millions, presque sans frais, tout-à-fait sans risques.

La double comparaison des revenus et des impôts, en 1789 et 1833, en donne la certitude.

Il y a l'impôt de l'homme, l'impôt de la chose. (*Du Remaniement de l'impôt.*)

Celui-ci, qui de sa nature, est relatif au revenu, quant aux impôts directs, est relatif à la dépense quant aux taxes indirectes; et par conséquent demeure proportionnel, tant qu'il ne devient pas progressif, comme cela s'est vu mainte fois. (*Du Subside.*)

Celui-là, qui est perçu, au contraire, selon un taux fixe, égal, constant, soit qu'il s'exerce sous le titre d'impôt direct ou sous la forme de taxe indirecte; qui n'est relatif ni au revenu ni à la dépense, et par conséquent n'est pas proportionnel, et trop souvent devient rétrogressif, comme cela se voit, à présent surtout.

L'un qui ne constitue qu'un prélèvement fractionnaire sur le fonds disponible : à peu près à la façon de la dîme primitive, dont le seul vice était d'opérer avant et sans la déduction des frais fort divers.

L'autre qui constitue une préhension arbitraire, une levée infligée sans égard aux moyens réels; à peu près à la manière des subventions de guerre, ou des corvées de la féodalité :

Tous deux dont l'arrêt propice ou fatal est porté par ces simples considérations.

Mettons de côté l'impôt de la chose.

Quant à l'impôt de l'homme, il se compose de trois branches marquées du titre fictif d'impôt direct, et de deux branches désignées sous le faux nom de taxe indirecte; non sans que d'autres subsides ne soient analogues en partie.

On y rencontre, sous l'intitulé de direct, les impôts personnel, mobilier, locatif (les portes et fenêtres); et sous l'intitulé d'indirect, la taxe sur les sels, la taxe sur les boissons du peuple.

Les premiers ont à être discernés, en ce que le personnel s'écarte le plus de la proportionnalité, et penche le plus vers la rétrogressibilité.

Le personnel se trouve insusceptible d'amélioration, d'appropriation quelconque : cela étant à la fois atroce et absurde, qu'à la différence de un à mille et plus, en fortune, le tarif soit pourtant le même : infiniment haut pour l'un, infiniment bas pour l'autre,

Même, dans sa radicalité, il n'exista jamais en Europe, et il n'existe en France que depuis la révolution. (*Du Subside.*)

Cependant, la détermination à prendre en ce moment, semble devoir être commune, et à l'impôt personnel, et aux impôts mobilier et locatif : ceux-ci étant semblables à celui-là, quant à la quote part infligée et appréhendée au-dessous ou au niveau de l'insuffisance de la vie.

Car, que ce soit sur la tête abstraction faite des nécessités; ou sur les quatre murs souvent nus où se repose la tête; ou sur les ouvertures trop étroites par où respire la tête ; de même la taxe qui tend à resserrer outre mesure, ou ces nécessités, ou ces murailles, ou ces ouvertures, est attentatoire à la vie organique.

A vrai dire, il ne se rencontre quelque atténuation de dureté, dans le mobilier et le locatif, qu'à raison de ce que le tarif n'est pas fixe en leur exercice.

D'où cette mesure commune entr'eux est commandée :

1° Quant au personnel, d'étendre la définition de l'état d'indigence qui en exempte déja; ou du moins de faire rentrer sous l'exemption, les individus qui en jouissaient avant la loi de 1831.

2° Quant au mobilier et locatif, de leur appliquer aussi le mode d'exemption à cause d'indigence et même de malaisance ; ainsi qu'au-dessous de tel taux du loyer, de tel nombre d'ouvertures.

Or cela peut être ordonné provisoirement pour l'exercice de 1834 ; en réduisant au bilan des recettes, de 5 à 6 millions, le chiffre de chacun des trois impôts; et en convenant que la décharge jusqu'à concurrence serait opérée, pour le personnel, par la libération des cotisables taxés depuis 1831; pour le mobilier, par l'exemption des contribuables, au titre d'indigence; pour le locatif, par l'annulation des cotes au-dessous de tant de portes et fenêtres.

Non sans prescrire qu'à l'ouverture de la session prochaine, une commission spéciale serait nommée par la chambre pour faire l'examen et rendre compte du mode employé dans l'exécution de cette mesure : d'autant qu'au moins en quelques cas, les rôles de la contribution mobilière présentent les anomalies les plus inconcevables (1).

---

(1) Sans avoir l'intention de se plaindre, et moins encore d'accuser, il faut le dire, au risque de ne se faire croire que par la communication des pièces probantes.

Un propriétaire de Versailles, occupant la même maison en entier, avec un moindre nombre de domestiques :

Etait taxé, en 1830, pour le mobilier, à. . . . 20 f. »»
Et a été taxé, en 1831, 1832, à . . . . . . . . 188 »»
Et est taxé, en 1833, à. . . . . . . . . . . . 44 »»
Sauf qu'en cette dernière année, et pour la première fois, son gendre, vivant à la même table, ne payant ni loyer ni pension, n'ayant point de domestique, est taxé aussi à. . . . . . . . . . . . 44 »»

D'où, en somme, l'impôt a été presque décuplé, de 1830 à 1831, et a été plus que dédoublé, de 1832 à 1833.

Comme aussi non sans prescrire qu'à la même époque, il serait proposé par le ministère un système définitif : dans lequel l'impôt personnel devrait être réuni à l'impôt mobilier; et les impôts mobilier et locatif devraient ne pas atteindre au-dessous d'une certaine limite.

Sauf, et mieux encore, à ce que l'un et l'autre fussent gradués en raison de la quotité du loyer, et de la quantité des ouvertures; suivant le mode pratiqué en Angleterre. (*Du Remaniement de l'impôt*, p. 34.)

Maintenant, les taxes dites indirectes qui rentrent et sont comprises sous le titre de l'impôt de l'homme, ont à être prises en considération.

D'abord, la taxe des boissons du peuple, dont la réduction ou plutôt la suppression, seulement réclamée à l'égard de la piquette, de la petite bière, du cidre et du poiré, est en même temps peu difficile et peu onéreuse à accomplir.

Il suffirait d'une remise de 5 à 6 millions, dont le sacrifice serait fortement atténué par l'épargne des frais de l'exercice qui, dans la campagne, ne sont pas loin d'équivaloir aux rentrées.

En prononçant de plus l'abolition du droit d'entrée sur les vendanges, de même très coûteux et peu lucratif, et de plus si odieux, si révoltant, on se donnerait le temps d'attendre, on se donnerait le droit de saisir l'époque enfin devenue favorable à l'extension de cette taxe sur une plus grande quantité, et à son élévation d'après la plus haute qualité des produits vineux et spiritueux.

Enfin la taxe du sel.

Ici, en faisant abstraction du sixième des rentrées, qui est payé par le quart de la population à l'état d'aisance ou de suffisance, il faut le dire, cette taxe n'est pas une contribution, mais un tribut.

Non pas une contribution, dont le nom même indique que le montant en est fourni, d'après un mouvement volontaire, par une action commune, sous une proportion relative :

Mais un tribut mis à la charge de l'ilote privé de droits, du serf dépourvu de biens, de l'esclave enchaîné des bras; par le citoyen censitaire, par le suzerain politique, par le colon continental.

Mais un tribut, émané du droit de propriété, qui a ravi le droit de souveraineté; dérivé du fait de conquête, non pas du sol, mais du pouvoir; exploité au détriment du souffrant et au profit du jouissant; extorqué à la force inhabile, par la faiblesse rusée.

Moralement, politiquement, économiquement, la taxe du sel encourt toutes les malédictions : cette substance devant à son prix naturel, nourrir et soutenir l'homme, élever et engraisser le bétail, enfin fertiliser la terre.

Le premier point qui est incontesté; le second

qui est à peine controversé; le premier qui est débattu plutôt que démenti. (1)

Au lieu que tout autre impôt ne se recommande qu'à tel ou tel titre, c'est à tous les titres ensemble ralliés, que se recommande la taxe du sel.

Et parce qu'elle entame le fonds consacré aux nécessités de la vie;

Et parce qu'elle entrave l'acte tendant à la nutrition de l'homme,

Et parce qu'elle rejette l'emploi invoqué par le bétail, par la terre,

Et parce qu'elle refoule le produit naissant de cet emploi,

Et parce qu'elle appauvrit le pays, plus qu'elle n'enrichit l'état,

Et parce qu'elle ruine l'avenir, d'autant qu'elle mine le présent.

Et, en faisant usage d'une phrase bien connue de M. Laffitte, parce qu'elle *prend les fonds où ils coûtent* (où ils valent plutôt) *de* 10 *à* 12 (de 15 à 20 plutôt) *pour cent.*

Et, en somme, parce que c'est à elle que s'ap-

---

(1) A l'appui de tant d'autorités déja exposées, vient se joindre une opinion du plus grand poids.

« La France présente des sols différens : ici, des troupeaux qui composent la fortune des habitans, font, de la cherté du sel, *un véritable fléau.* » (M. Necker : Des Administrations provinciales.)

plique le mieux, cette trop juste parole de Montesquieu :

« L'état commencera-t-il par appauvrir les sujets pour s'enrichir, ou attendra-t-il que des sujets, à leur aise, l'enrichissent? Aura-t-il le premier avantage, ou le second? Commencera-t-il par être riche, ou finira-t-il par l'être? (Liv. tom. 3, ch. 7.)

Les impôts et les taxes, compris sous le titre de la capitation ou de l'impôt de l'homme, ont ce caractère commun, qu'ils sont acquittés et se résolvent, soit à taux invariable, soit à taux arbitraire, en numéraire; lequel pèse plus ou moins contre valeurs réelles.

C'est-à-dire qu'en prenant pour type, le coût quotidien de la vie, la même somme équivaut en une fraction différente du montant, selon que le coût est plus haut ou plus bas; et que le paiement en chiffre fixe, constitue une dépense inégale, au détriment de plus en plus progressif des contrées misérables. (*Des Conditions de l'impôt* : mars 1829.)

La chose en est à ce point que dans l'Ouest et au centre de la France, sous le mode de métairie ou de petite culture, la charge devient triple et quintuple : ainsi écrasant d'autant la faiblesse, étouffant d'autant les produits.

Il y a de quoi rougir d'être contraint à discerner

entre des tributs de telle sorte, et à scruter lequel est le plus, est le moins barbare.

Encore, quant aux impôts personnel, mobilier, locatif, il y a cela du moins, qu'ils ne frappent que sur le chef de famille, sur une tête entre cinq têtes, à raison d'un cinquième par tête ; et qu'ils fléchissent de tarif, le premier, suivant la pénurie des contrées, les deux autres d'après la modicité des loyers.

Encore, quant à la taxe sur les boissons du peuple, elle n'affecte pas ceux qui consomment leurs produits ou qui s'approvisionnent en barrique ; et mettant à part les habitués de cabaret, elle ne porte guère que sur les villes : sauf à l'égard de la petite bière, dont le droit est perçu à la fabrication.

Même à l'égard de l'impôt personnel, tribut si révoltant, que l'instinct moral s'est soulevé au moins sur un point, montre en outre l'indigence est exempte.

Or, supposez le contraire : supposez une sorte de tribut qui est infligé d'après le même taux, jusqu'au dernier degré de l'indigence ; qui n'excepte qui que ce soit, à aucun titre, pour aucune cause ; qui frappe sur chaque membre de la famille, en raison simple, et donc sur le chef de la famille, en raison quintuple.

Supposez une sorte de tribut, qui, au moyen d'un tel procédé, s'élève dans les pays où le taux de la journée est le plus bas, à 5 et 6 fois le montant de l'impôt personnel: et qui, dans les pays où le loyer est au taux de 12 à 15 fr. par maison, comme dans l'Ouest, s'élève au niveau de son prix.

Supposez une sorte de tribut qui déja, en valeur de chiffre, est exorbitant; qui, en valeur de loyer, équivaut parfois à la dépense de l'année; qui, en valeur de subsistance ou de vie, équivaut, suivant les lieux, à la dépense de 10 à 50 jours.

Supposez une sorte de tribut qui, grévant au quintuple du prix naturel, un agent de la nutrition, d'autant plus commandé par la grossièreté relative des alimens, est aggravé, est exhaussé, même en chiffre, dans le rapport exact de la pénurie des moyens.

Supposez une sorte de tribut qui grévant au même point, un élément de la production, d'autant plus approprié aux emplois du sol et du climat impropice, fait avorter les valeurs prêtes à naître, fait refouler dans le néant, les profits naturellement appelés à fournir le paiement des impôts.

C'est sous de telles suppositions, c'est à de telles conditions, que vous rencontrez, que vous reconnaissez la taxe du sel : seule et unique de sa nature, quant au principe, quant aux résultats.

Il y a dans la réduction et la suppression de cette taxe, dont certain rapporteur s'est permis de faire UN INTÉRÊT DE LOCALITÉ, ce caractère prééminant, prédominant; que le bénéfice en est rétribué à la population totale, sans aucune exception.

Que le bénéfice est réparti en un plus haut degré, dans la proportion progressive de la décadence des moyens, de l'accroissement des besoins.

Que le bénéfice dispensé en une telle façon, donnant lieu au maintien, au progrès des forces vitales, de même qu'à l'emploi, à l'usage des substances fécondes; d'une part, la richesse publique en tire des profits immédiats; de l'autre, les fortunes privées sont mises en état de supporter leurs charges.

De là, sort cette double conclusion, que tout autre impôt convient à remplacer la taxe du sel; et que la taxe du sel requiert d'être abolie ou adoucie, plutôt que tout autre impôt.

Aussi, c'est une duperie, politiquement parlant, c'est une tricherie, moralement parlant, que d'avoir affecté immédiatement au service de l'état, le sauvetage opéré sur les fonds d'amortissement.

Attendu que cette épargne devait à tous les titres, être appliquée à une remise d'autant sur la taxe du sel; laquelle, de tout temps et jusqu'à concurrence, fournit l'acquit dudit fonds, puisqu'en son absence, faute d'autre emploi, elle cesserait d'exister.

Du reste, si le gouvernement n'entend pas revenir à des plans plus justes et plus sages, les voies de remplacement, au moyen d'un ou de plusieurs impôts, s'offrent à sa disposition.

En tête, vient l'impôt foncier, comme ayant

au plus haut degré le caractère de l'impôt de la chose ; comme étant presque seul assis sur le revenu net et étant peu influent à l'encontre de la production ; enfin comme se percevant au taux le plus modéré et présentant une masse considérable, dont la moindre fraction donne la somme requise.

Deux obstacles s'y opposent : l'un trop vain, l'autre très faux.

Si l'on craint d'augmenter le nombre des électeurs, il est facile, avant la première convocation, d'établir le cens exigé, en raison du principal qui ne varie pas; comme cela avait été proposé à la chambre des pairs.

Si, on craint, ou de charger ou de choquer les propriétaires, le calcul répond dans le premier sens, le temps répondra quant au second.

Alors qu'on est fait ou qu'on se fait pouvoir, c'est une indignité que d'attendre de l'intérêt privé, la licence de servir l'intérêt général; que de se soumettre à l'erreur, plutôt que d'inculquer la vérité.

Il a été exposé dans divers écrits, et il a été rappelé à la tribune, comment la substitution de l'impôt foncier, à la taxe du sel, celui-là étant relatif et celui-ci étant absolu, donnait, à partir de telle cote, un bénéfice progressif, à raison de l'abaissement du chiffre; et causait un sacrifice de même progressif, à raison de son élévation.

C'est-à-dire, que par ce remplacement, la

charge maintenant infligée à un taux fixe, se transformerait en un subsisde réparti proportionnellement à la fortune : ainsi mettant fin à la flagrante violation de la charte.

Il y a plus et mieux.

A la vérité, quant aux propriétaires de vignes, de bois, de maisons, ce seul résultat est obtenu ; dont la faveur est déja marquante pour les moins aisés d'entre eux.

Ces propriétaires paient environ le quart de la contribution foncière, et composent à peu près le quart de la population cotisable.

Pour les trois quarts restans, la question est toute autre.

Ici, non sans que les petits cotisables ne soient de même gagnans, il faut les confondre dans la masse et apprécier le résultat commun, général.

Les biens fonds, en culture de toute espèce, qui leur appartiennent, montent à 30 millions d'hectares, dit-on ; lesquels à raison de 6 fr. l'un dans l'autre, acquittent 180 millions d'impôt foncier.

En adoptant l'évaluation des revenus bruts, à 8 milliards en totalité, et à 4 ou 5 milliards pour ces biens fonds, il s'ensuit que chaque hectare, terme moyen, jette un produit de 150 fr.

Dans la somme de 50 millions (1) imposée en

---

(1) La somme de 50 millions rembourse complètement

échange de la taxe du sel, la part incombante à ces derniers propriétaires, serait de 36 millions : lesquels, à diviser entre 30 millions d'hectares, font, pour chaque hectare, 24 sous; qui représentent le cent vingtième des 150 fr. de produit brut.

Or, soit en nature de fumier, soit dans l'élève et l'engrais du bétail, soit quant à la force et la santé de l'homme; est-il si difficile de croire que l'emploi libre du sel, élèvera le produit par hectare, l'un dans l'autre, d'une valeur de 24 sous.

Et cela, non pas en produit brut, qui n'équivaudrait qu'à un cent vingtième en sus; mais en produit net, les frais ne devant pas être plus hauts, qui équivaudra à un soixantième et au-delà.

En produit brut, la balance s'établirait au pair: en produit net, le bénéfice sera double du sacrifice.

Si bien que les petits propriétaires en culture, étant en gain, sous le rapport du mode différent des deux impôts; et les petits, moyens, grands propriétaires étant de plus en gain sous ce dernier

---

le trésor, parce que les nouveaux emplois du sel donneront lieu à l'accroissement d'autres recettes.

Il ne faudrait qu'un remplacement de 40 millions environ, en réduisant seulement la taxe à 5 francs le quintal : attendu que la consommation tiercerait d'abord, doublerait bientôt, triplerait peut-être.

rapport : il y aurait convenance à ne pas recharger les propriétaires de vignes qui paient déja en plus forte proportion.

D'autant qu'à ce moyen, leur opposition s'amortirait contre la taxe des vins et eaux-de-vie, qui véritablement n'arrête pas leurs ventes, n'abaisse pas leurs prix, d'un centième à peine.

Tel est l'aperçu des causes qui décident, et des résultats qui dérivent de l'abolition de la taxe du sel.

A peine y a-t-il lieu d'y joindre un motif inhérent aux intérêts du trésor.

Veut-on voir, veut-on entendre? (*Documens sur les emplois du sel.*)

C'est chose claire comme le jour, que le paysan dans l'Ouest, se sèvre à moitié de sel; et que le bétail, en Allemagne, en consomme à force; et que la terre, en France, en userait sur certains points.

Eh bien, en réduisant la taxe à 5 francs par quintal métrique, le prix vénal s'établira généralement à 10 fr. le quintal, à un sou la livre; auquel taux, en quelque temps, se rempliront tous les emplois appropriés.

Le quintal vaut maintenant 35 fr. en gros, 40 et 45 fr. en détail, à cause des pertes du déchet.

La dépense actuelle est de 70 à 80 millions : la dépense future sera de 40 millions, de la moitié environ; l'autre moitié de la remise étant attribuée à d'autres usages.

Ces 40 millions paieront 4 millions de quintaux, ou une consommation double.

Et peu à peu les emplois passeront en habitude.

Et le besoin venant, en reportant la taxe à 15 et 20 fr. par quintal, elle aura à s'exercer sur la quantité doublée, sauf peut-être le resserrement d'un dixième, d'un sixième.

Car, sauf l'usage en engrais, les autres emplois sont de nature à supporter un tel prix.

Tellement que la taxe à 15 fr. fournira autant, et à 20 fr. fournira plus que celle à 30 fr. à présent.

Ainsi a fait l'Angleterre à diverses fois, réduisant le tarif des thés et cafés, des sucres et esprits, puis le rétablissant après l'accroissement de la consommation.

En tout, il faut du sens, même de l'art.

Ci-joint est l'écrit *du Poids relatif des impôts* : résumé de ce qui a été dit, aperçu de ce qui est.

Or, quiconque a des yeux, qu'il lise,

Et quiconque a de l'ame, qu'il sente,

Et quiconque a du sens, qu'il juge,

Et que l'intelligence, que la conscience, enfin décidées, deviennent aussi résolues.

Vraiment, c'est lamentable, c'est pitoyable, que les élus du pays, instruits de son intérêt, investis de son pouvoir, mettent bas toute volonté.

Se laissant leurrer, plutôt que séduire, par des

paroles toujours réfutées, toujours ressassées.

Le temps marche, dit-on : le progrès va, dit-on. Non pas en fait d'économie politique et sociale.

Parcourez les discours du ministre de 1824, de 1825 ; à peine a-t-on pris soin de les traduire à l'usage de 1835.

Amortissement de la dette, remboursement des rentes, abaissement de l'intérêt, renflement du crédit, enrichissement du pays, renforcement de l'état : ce sont mêmes mots.

Cependant, de tout cela, il n'y a de vrai que la manœuvre de l'amortissement. C'est une cause sans effet.

Seulement, qu'on lise.

Peut-être quelqu'autre, de son métier fabricant de phrases et débitant en sophismes, aurait plus de chance à se faire écouter, entendre.

Mille fois tant pis.

Eh ! qu'on se rappelle donc combien, depuis 1815, la chambre représentative a été abusée par la tribune ministérielle.

Qu'on se représente donc comment, de tout temps, l'oreille est sujette à se laisser prendre.

L'œil seul parle à la raison.

---

IMPRIMERIE D'A. PIHAN DE LA FOREST,
rue des Noyers, n° 37.

www.ingramcontent.com/pod-product-compliance
Ingram Content Group UK Ltd.
Pitfield, Milton Keynes, MK11 3LW, UK
UKHW020529180726
13839UKWH00005B/2405

9 782329 415420